Une Histoire d'ours

POUR LA PRÉSENTE ÉDITION

Produit pour DK par WonderLab Group L.L.C
Jennifer Emmett, Erica Green, Kate Hale, *Fondatrices*

Éditrice Maya Myers; **Éditrice Photographies** Nicole DiMella; **Direction éditoriale** Rachel Houghton; **Graphisme** Project Design Company; **Recherches** Michelle Harris; **Rédactrice en chef** Lori Merritt; **Index** Connie Binder; **Traduction française** Stéphanie Lux; **Correctrice française** Sheila Malovany-Chevallier; **Experte sujet** Dr. Naomi R. Caldwell; **Spécialiste lecture** Dr. Jennifer Albro

Première édition américaine 2024
Publié aux États-Unis par DK Publishing, une division de Penguin Random House LLC
1745 Broadway, 20th Floor, New York, NY 10019

Traduction française 2025 Dorling Kindersley Limited
25 26 27 10 9 8 7 6 5 4 3 2 1
004-349055-August/2025

Tous droits réservés.
Sans limiter les droits du copyright réservé ci-dessus, aucune partie de cette publication ne peut être reproduite, stockée ou introduite dans un système de récupération des données, sous quelque forme ou par quelque moyen que ce soit (électronique, mécanique, photocopie, enregistrement ou autre) sans l'autorisation préalable écrite du détenteur du copyright.
Publié en Grande-Bretagne par Dorling Kindersley Limited

Le présent ouvrage est répertorié dans le catalogue de la Bibliothèque du Congrès.
HC ISBN: 978-0-5939-6817-8
PB ISBN: 978-0-5939-6816-1

Les livres DK sont disponibles à prix réduit lorsqu'ils sont achetés en gros à des fins promotionnelles, de remises de prix, pour des collectes de fonds ou à des fins éducatives. Pour plus d'informations, veuillez contacter DK Publishing Special Markets, 1745 Broadway, 20th Floor, New York, NY 10019
SpecialSales@dk.com

Imprimé et relié en Chine

La maison d'édition tient à remercier, pour leur aimable autorisation de reproduire leurs images :
h = haut ; c = centre ; b = bas ; g = gauche ; d = droite ; f = fond
Alamy Stock Photo : All Canada Photos / Bob Gurr 16-17, All Canada Photos / Dave Blackey 8-9, All Canada Photos / Stephen J. Krasemann 17bc, Design Pics Inc / Alaska Stock RF / Doug Lindstrand 7bd, 20bc, Design Pics Inc / Wave Royalty Free, Inc. 13bd, 23cgb, FLPA 20cdb, Rolf Hicker Photography 3, Jason O. Watson (USA: Alaska photographs) 8bc, Westend61 GmbH / Fotofeeling 14bc, 23cgh ; **Bridgeman Images :** Gift Of Elizabeth H. Penn 9bg ; **Dreamstime.com :** David Burke 19bd, Antonio Guillem 12-13, 14-15, Klomsky 1, Derrick Neill 7bc, Ovydyborets 19bg, Joe Sohm 9d, Wirestock 11b, Maria Zebroff 18bc ; **Getty Images :** Moment / Colleen Gara 4-5, 23cg, Moment / Jared Lloyd 6-7, Photodisc / Don Grall 10-11, 23bg, Stone / Paul Souders 14bc, 15bg, 15bc, The Image Bank / Mark Newman 13bg, 20-21, Universal Images Group / Education Images 18-19, 23hg ; **Getty Images / iStock :** Jillian Cooper 22, 23hg, DigitalVision Vectors / mecaleha 4bl, 6bc, llvllagic 10bc ; **Shutterstock.com :** EVGENNI 21b, saraporn 17bd ; **VectorStock :** renreeser 12bc

Illustrations de couverture : *Couverture :* **Dreamstime.com :** Anastasiya Aheyeva ;
Quatrième de couverture : **Dreamstime.com :** Pavel Naumov cb ; **Getty Images / iStock :** PCH-Vector crh

www.dk.com

Une Histoire d'ours

Alli Brydon

C'est le début de l'été.
Un grizzli marche sur ses quatre pattes.
L'ours est chez lui.
Chez lui, c'est la forêt.

L'ours est grand.
L'ours est fort.

pelage

griffes

Il sait survivre dans la nature.

Les humains honorent les ours.
Ils trouvent les ours courageux et intelligents.

art

Les humains font de l'art inspiré des ours. Ils racontent des histoires sur les ours.

bois

Les humains ne s'approchent pas de l'ours.
C'est aussi une façon de l'honorer.
Le grizzli marche seul dans la forêt.

montagne

marques

L'ours marque un arbre. Les marques disent aux autres ours de ne pas s'approcher.

combat

Si un autre ours s'approche, l'ours se bat.
Même blessé, l'ours reste fort.

C'est l'automne, l'air devient froid.
Bientôt ce sera l'hiver.
L'ours creuse une tanière.

tanière

Il va se reposer ici pour l'hiver.
Mais d'abord, il doit remplir son ventre.

L'ours pêche des poissons pour manger.
Les humains aussi pêchent des poissons.

L'ours cueille des baies.
Les humains aussi mangent des baies.

poissons

C'est l'hiver.
Il fait froid dans la forêt.
Il n'y a pas beaucoup
à manger.
Il est temps pour l'ours
de se reposer.
Il rentre dans sa
tanière.

repos

Le printemps arrive.
L'ourse a eu des oursons !
Maintenant, il y a plusieurs ours.
Les ours marchent dans la forêt.
Bientôt ce sera l'été.

Glossaire

oursons
bébés ours

tanière
grotte ou endroit creusé par l'ours pour s'abriter

ours grizzli
grande espèce d'ours

marques
entailles laissées par quelque chose

bois
autre mot pour forêt

Quiz

Réponds aux questions pour voir ce que tu as appris. Puis regarde les réponses avec un·e adulte.

1. Où vivent les ours grizzlis ?
2. Comment les humains honorent-ils les ours ?
3. Que fait un ours pour dire aux autres animaux de ne pas s'approcher ?
4. Que mange l'ours ?
5. Où est-ce qu'un ours se repose pendant l'hiver ?

1. Dans les bois 2. Avec leur art et leurs histoires
3. Il marque des arbres 4. Des poissons et des baies
5. Dans une tanière